LES MOEURS DE LONDRES,

OU

LE BON TON ANGLOIS,

COMÉDIE EN DEUX ACTES,

IMITÉE DE L'ANGLOIS DE GARRICK.

Représentée, pour la première fois, sur le théâtre des Variétés-Étrangères, le 30 décembre 1806.

A PARIS,

CHEZ ANTOINE-AUGUSTIN RENOUARD,

RUE SAINT-ANDRÉ-DES-ARCS, n° 55.

M DCCC VII.

PERSONNAGES:

Mylord HAMILTON.
Mylady HAMILTON, sa femme.
Miss CLARA.
Sir James TROTLEY, oncle de Clara et de Lady Hamilton.
Le colonel BELFORT.
FANNY, suivante de Lady Hamilton.
GEORGES, valet de Sir James.
JASMIN, valet de Mylord Hamilton.
BIGNON, autre valet de Mylord Hamilton.

La scène est à Londres, chez Mylord Hamilton.

LES MOEURS DE LONDRES,

OU

LE BON TON ANGLOIS.

ACTE PREMIER.

SCÈNE PREMIÈRE.

LADY HAMILTON, MISS CLARA.

LADY HAMILTON.

N'attribuez pas mes plaintes à ma tendresse pour mon époux : je ne l'aimois pas avant notre hymen ; et vous savez, ma chère Clara, que rarement le mariage inspire des sentiments plus tendres ; mais mon amour-propre s'offense de me voir négligée, tandis qu'il en est aux petits soins avec les autres femmes.

CLARA.

Ah ! ah ! est-il possible que vous vous affectiez de pareilles misères ? Mais, dites-moi, ma chère cousine, auriez-vous, par hasard, découvert quelque nouvelle intrigue de votre mari ?

LADY HAMILTON.

J'ai rencontré ce matin sa voiture ; il étoit avec une femme si bien enveloppée dans sa calèche, que je n'ai pu la reconnoître. J'ai ces vilaines calèches si fort en horreur, que je veux absolument que vous brûliez la vôtre.

CLARA, *à part.*

Me soupçonne-t-elle? (*haut*) Étiez-vous seule quand vous avez rencontré le lord Hamilton ?

LADY HAMILTON.

Non; j'étois avec le colonel Belfort dans mon vis-à-vis.

CLARA.

Vous étiez trop bien accompagnée pour avoir le droit de vous plaindre.

LADY HAMILTON.

J'étois avec l'ami de Mylord, l'amant et le futur de mon amie. (*elle lui prend la main*) Oh, ma chère! pourriez-vous me croire capable.....

CLARA.

L'amour et l'amitié sont des mots fort en usage dans la société. Ils ressemblent à ces amis qui frappent à votre porte, et qu'on reçoit pour les connoître.

LADY HAMILTON.

Votre façon de penser annonce le bon ton.....

CLARA.

L'usage force les personnes de qualité à se marier. Je me soumettrai à l'usage comme les autres; mais si jamais j'avois la foiblesse d'aimer mon mari, j'aurois très mauvaise opinion de mon jugement.

LADY HAMILTON.

Sans prétendre faire mon éloge, j'ose me flatter qu'aucune femme de qualité n'est aussi indifférente que moi pour son mari.

CLARA.

Il est bien singulier que le nom d'époux inspire de tels sentiments, car enfin lord Hamilton est fort bien de figure.

ACTE I, SCÈNE I.

LADY HAMILTON.

Pas mal; mais il le sait trop.

CLARA.

Il a de l'esprit.

LADY HAMILTON.

Celui d'un lord; c'est tout dire.

CLARA.

Il a un bon caractère.

LADY HAMILTON.

Tous les gens foibles sont de même.

CLARA.

Sa fortune.....

LADY HAMILTON.

Est considérable : mais il joue. A propos, il est temps de recevoir votre oncle, sir James Trotley, le baronnet, mon très digne oncle ! Qu'est-il devenu ?

CLARA.

Je pense qu'il s'occupe, dans son appartement, à lire les pamphlets contre les mœurs du temps. Malgré mes espérances sur sa fortune, s'il reste encore huit jours à Londres, je me brouille avec lui.

LADY HAMILTON.

Et moi, malgré mes titres à son héritage, je prendrai le même parti. N'est-il pas plaisant qu'après avoir critiqué toutes nos actions, il finisse toujours son insipide morale par, *je vous prie de m'excuser, cousine.*

CLARA.

Le singulier personnage ! Écoutez ce que cet original me dit hier. Il arrive dans mon appartement d'un air grave. « Ma nièce Clara, s'écrie-t-il, si vous continuez « à vivre dans le tourbillon de Londres, votre tête n'y

« tiendra pas, vous perdrez votre fortune et votre répu-
« tation ; je vous prie de m'excuser, ma nièce. » Et puis
il se retira.

LADY HAMILTON.

C'est un sauvage !

SCÈNE II.

Les précédents, UN VALET.

UN VALET.

Une carte de la part de Mistriss Betly.

LADY HAMILTON.

Donnez. Pauvre Betly ! pourvu qu'on la voie en public avec une personne de qualité, elle est la femme la plus heureuse de l'Angleterre. Qu'on n'oublie pas de passer chez Lady Johnson ; et si malheureusement elle est chez elle, qu'on lui dise que j'envoie savoir des nouvelles de son entorse.

CLARA.

Vous me ferez écrire aussi pour le même sujet.

LADY HAMILTON.

Ma chère amie, j'ai mes vapeurs aujourd'hui. Faites avertir le colonel que je l'attends pour faire une partie d'échecs. Ce colonel m'intéresse davantage depuis que je sais que vous le distinguez. (*elle l'embrasse*) J'aime tout ce qui plaît à ma meilleure amie.

CLARA *ironiquement*.

J'en suis convaincue.

LADY HAMILTON, *à part*.

Ce sourire malin me déplaît. (*haut*) Adieu, mon ange ! je vais faire ma toilette de bal. Si mes occupations ne peuvent me distraire, vous m'aiderez à tourmenter Mylord. (*elle sort.*)

SCÈNE III.

CLARA seule.

Vous serez plus tourmentée que lui, et Mylord sera instruit de cet entretien ; j'aime son ton, ses manières. Quel changement dans cette maison, depuis quinze mois ! lorsque nous sommes arrivés à Londres, nous étions l'image d'une famille Britannique bien maussade. Mylord aimoit Mylady, ou du moins ils se conduisoient comme de gothiques époux. Six mois de séjour dans la capitale ont bien changé nos idées ! et maintenant nous pourrions nous flatter d'être les modèles de la mode et du bon ton. Mais voici le colonel Belfort.

SCÈNE IV.

LE COLONEL BELFORT, CLARA.

LE COLONEL.

Puis-je me flatter d'avoir part aux rêveries de l'aimable Clara ?

CLARA.

Quand on a le bonheur de vous connoître, peut-on ne pas rêver ?

LE COLONEL.

Ah, Madame ! cette assurance me rend le plus heureux des hommes.

CLARA.

De l'exagération ! je vous reconnois bien là.

LE COLONEL.

Je vous jure sur mon honneur....

CLARA.

Votre honneur! il n'existe qu'au jeu et à la guerre. Partout ailleurs ce n'est souvent que de la fausse monnoie.

LE COLONEL.

Vous me maltraitez sans cesse. Faut-il vous répéter que, du moment où je vous ai offert mes hommages, j'ai rompu avec tous mes défauts.

CLARA.

Oui; et dès que vous serez mon époux, vous vous raccommoderez avec eux.

LE COLONEL.

Que dois-je faire pour vous attendrir?

CLARA.

Étudier avec soin tous mes caprices.

LE COLONEL.

Aurez-vous la cruauté de me faire languir?

CLARA.

Je n'en sais rien, cherchez à plaire.

LE COLONEL.

Comment y parviendrai-je?

CLARA.

Belle question pour un militaire! lorsque vous aurez un ennemi rusé à combattre, marchez à lui, et retirez-vous comme moi avec la victoire. (*elle fait quelques pas.*)

LE COLONEL.

Arrêtez, cruelle!

CLARA.

Non, non, non; je n'ai pas le temps de vous écouter. Lady Hamilton a des vapeurs; elle vous attend pour sa partie d'échecs. Mylord a le spleen; pour le dissiper, il faut que je fasse son boston: mais, ce qui est bien pis, mon oncle a de l'humeur, il exige que je vous congédie, et que je retourne avec lui à la campagne.

LE COLONEL.

Mais écoutez : un mot.

CLARA *fait quelques pas vers lui.*

Si vous désobéissez aux ordres du général, vous serez puni. Sachez que je veux de la soumission avant le mariage, et qu'après la noce, j'aurai soin de me conserver les mêmes droits, ne fut-ce que pour vous prouver que je suis une femme du bon ton. (*elle sort.*)

LE COLONEL.

Quelle étourdie ! si j'avois le malheur de l'aimer, ses inconséquences me désoleroient. Mais dans cette alliance je ne cherche que la fortune. Tâchons de ne pas perdre une occasion aussi favorable. Mais j'entends Sir James ; évitons sa présence, et allons voir ce que me veut Lady Hamilton.

SCÈNE V.

SIR JAMES, GEORGES.

SIR JAMES.

Tais-toi, Georges, tu parles comme un imbécille ; je te prie de m'excuser.

GEORGES.

Vous avez beau dire, Sir James, Londres est une belle ville ; j'y passerois volontiers ma vie.

SIR JAMES.

N'es-tu pas honteux ? passer sa vie dans un tel gouffre, le repaire des voleurs, des filoux, le centre de tous les vices et de tous les crimes ! quelle révolution s'est faite depuis ma jeunesse ! à peine reconnoît-on Londres et ses habitants. Tous les hommes, depuis le militaire jusqu'au porte-faix, ont les cheveux à la Titus ; le maçon la brique à la main ; le boulanger succombant sous le poids de son panier; le facteur qui porte les lettres ; le maître qui a des chevaux, le Jokey qui les mène ; le médecin qui prescrit des remèdes, l'apothicaire qui les donne, autant de Titus ! est-il rien de plus ridicule ?

GEORGES.

Moi je serai aussi en Titus demain matin. Vous et moi, Monsieur, nous avons l'air de deux Egyptiens parmi tous ces gens là.

SIR JAMES.

Si tu parois jamais devant moi de cette manière, je te chasse à l'instant même ; je déteste les nouveautés : jusqu'aux voitures qui se ressentent de cet affreux changement ! on n'y éprouve plus ces violentes secousses qui vous tenoient éveillé; on y dort comme dans son lit, et les cochers sont obligés d'attacher un cordon à leur boutonnière pour vous prévenir que vous êtes arrivé. Quel luxe ! quelle mollesse ! quelle abomination !

GEORGES.

Ma foi, j'aime assez tout cela, moi.

SIR JAMES.

Je veux que tu détestes Londres.

GEORGES.

Je ne saurois, car tout m'y plaît et satisfait ma vue.

SIR JAMES.

Tout n'y est que fraude et illusion.

GEORGES.

Que dites-vous là ? illusion ! et cette foule de gens qui vous poursuivent, vous regardent et vous font pirouetter à chaque instant ; sont-ce des illusions ? Sont-ce encore des

ACTE I, SCENE V.

illusions que ces superbes boutiques où l'on trouve tout ce que l'on desire, quand on a de l'argent? et puis, Monsieur, ces charmantes demoiselles si gracieuses qui vous acostent avec tant de politesses : on parle tant des filles de village ; elles ne valent pas celles de Londres ; elles sont de couleur vermeille, que c'est un charme à voir.

SIR JAMES.

Tu ne vois pas, nigaud, que le piége est sous les fleurs.

GEORGES.

Je n'ai vu que les fleurs, moi.

SIR JAMES.

Fort bien ; mais nous partirons le plutôt possible.

GEORGES.

Partir! non pas avant un mois, j'espère. J'ai encore des visites à faire, des courses.....

SIR JAMES *flegmatiquement*.

Tu ne sortiras pas ce soir ; et demain tu resteras dans mon appartement pour les préparatifs de mon départ ; fais bien attention qu'on ne me trompe pas.

GEORGES.

Monsieur ne tiendra donc pas la promesse qu'il m'a faite?

SIR JAMES.

Quelle promesse?

GEORGES.

De me régaler aujourd'hui d'un spectacle à douze sols.

SIR JAMES.

Tu as raison, vas-y ; est-ce une pièce morale?

GEORGES.

Sans doute, Monsieur, le titre est une sentence.

SIR JAMES.

Tant mieux ; sois sage, et je tiendrai ma parole ; voilà

de l'argent, mais reviens aussitôt après le spectacle; je me couche de bonne heure; je te prie de m'excuser.

GEORGES.

Cela suffit, Monsieur. (*à part*) puisque nous partons, je profiterai de mon reste. (*il sort.*)

SCÈNE VI.

SIR JAMES *seul.*

S'IL reste à Londres, il finira par se pervertir. A quels périls expose le séjour de la capitale! ma nièce Clara est toute aux plaisirs, et je crains bien de ne pouvoir la sauver du naufrage! les jeunes femmes de ce siècle ne se nourriront-elles jamais que de projets insensés! elles veillent jusqu'au matin; elles passent la journée au lit; elles ne parlent que pour médire; et afin qu'on ne se trompe pas sur la légèreté de leur caractère, elles ont adopté les plumes : *ô tempora! ô mores!* Allons méditer sur ces folies. J'apperçois lord Hamilton. Sortons bien vîte. (*il sort.*)

SCÈNE VII.

LORD HAMILTON *en peignoir, suivi de* BIGNON *et de* JASMIN.

LORD HAMILTON.

JE t'en prie, Bignon, laisse-moi respirer. Crois-tu que la tête d'un lord ne doive être occupée qu'à sa toilette? donne-moi mon habit.

BIGNON.

On s'apperçoit à l'humeur de Milord, qu'il a perdu son argent : il n'y a pas moyen de le coiffer. (*il sort.*)

ACTE I, SCENE VII.

LORD HAMILTON.

L'insolent! mais je pardonne à ce drôle en faveur de ses grands talents; il coiffe comme un ange! A propos, il faut que je change mon coquin de marchand de vin; son Champagne m'incommode toutes les fois que j'en bois. Ma cousine! hélas!

SCÈNE VIII.

LORD HAMILTON, LADY CLARA, JASMIN.

CLARA.

Pourquoi ce soupir, Mylord?

LORD HAMILTON.

Je pensois à vous, ma belle cousine!

CLARA.

Vous devez ma visite à lady Hamilton. Je viens pour vous dire, Mylord, que notre partie de plaisir de ce matin, excite la jalousie de Mylady; elle se plaint que vous la négligez; il paroît même qu'elle a dessein de se venger de vous.

LORD HAMILTON.

Pourvu que sa vengeance ne soit pas de m'aimer.....

CLARA.

Vous n'avez rien à craindre.

LORD HAMILTON.

Cela me rassure.

CLARA.

Sa vanité ne redoute que votre préférence pour d'autres femmes.

LORD HAMILTON.

Depuis que j'ai l'honneur de lui appartenir; elle a eu le temps de s'y accoutumer.

####### CLARA.

Si cependant elle s'apperçoit que vous me préférez, elle en parlera dans le monde, et alors......

####### LORD HAMILTON.

On en plaisantera.

####### CLARA.

Je ne serois pas fâchée de l'humilier, et quoique je l'aime sincèrement, je n'en suis pas moins disposée à la tourmenter. Cependant si mon oncle connoissoit mes projets, il m'obligeroit de quitter ma cousine ; il tient encore aux usages du bon vieux temps.

####### SIR JAMES *en dehors.*

Mylord ! Mylord !

####### CLARA.

Ciel ! j'entends sa voix ; que ferois-je ?

####### SIR JAMES, *dans la coulisse.*

Puis-je entrer ?

####### LORD HAMILTON.

Un moment, sir James ; je serre mes papiers.

####### CLARA.

Il n'y a pas moyen d'échapper. Où me cacher ? (*sir James frappe.*)

####### LORD HAMILTON, *bas à Clara.*

Partout où vous voudrez. (*haut*) J'y vais, j'y vais.

####### CLARA.

Mais où ?

####### LORD HAMILTON.

Ici derrière cette bergère, vous pourrez nous voir ; je serai bref, pour rendre votre prison moins ennuyeuse. (*elle se place derrière la bergère. Mylord ouvre la porte.*)

SCÈNE IX.

LORD HAMILTON, SIR JAMES.

(*Pendant cette scène, Mylord dérange la bergère à chaque mouvement que fait sir James.*)

SIR JAMES *regarde autour de la chambre.*

Je vous prie de m'excuser, Mylord; je vous ai entendu parler, et j'ai pensé qu'on pouvoit vous interrompre sans indiscrétion. Vous élevez furieusement la voix !

LORD HAMILTON.

Je répétois un discours pour le Parlement. Je suis dans l'usage d'étudier mes effets avant de parler en public. La prononciation, le geste, le son de la voix, sont nécessaires à l'éloquence.

SIR JAMES.

Vous avez raison, Mylord; ce n'est qu'en travaillant dans la retraite, qu'on peut se flatter de réussir. Je vous interromps peut-être, et je vous prie de m'excuser.

LORD HAMILTON.

M'excuser ! vous me faites, au contraire, grand plaisir; vous y mettriez le comble en partageant, chaque jour, notre dîner de famille. Vous me refusez toujours.

SIR JAMES.

Je vous avoue, Mylord, que j'aime la simplicité, même dans les repas; depuis qu'on a introduit en Angleterre les cuisiniers françois, tout y a changé de face; les hommes et les mets y sont également masqués. Le naturel, Mylord, voilà ma devise.

CLARA *passant sa tête.*

Je voudrois bien m'enfuir, ou le savoir dans son château.

SIR JAMES.

Mylord, occupons-nous du sujet de ma visite. Puis-je vous parler sans détour sur le compte de ma nièce ?

CLARA *de même.*

Voici mon éloge.

LORD HAMILTON.

En doutez-vous ? votre nièce est charmante et digne de toute votre tendresse. (*Mylord et Clara se font des mines.*)

SIR JAMES.

Elle doit la mériter avant de l'obtenir. Il faut d'abord qu'elle porte des bonnets et surtout des fichus.

CLARA *de même.*

De quoi se mêle-t-il ?

LORD HAMILTON.

Des épaules bien faites et de beaux cheveux n'ont pas besoin d'être cachés.

SIR JAMES.

Mauvais calcul. Si les femmes nous refusent les plaisirs de l'imagination, toutes ces volontés là n'auront plus de prix. Souvenez-vous de ce qu'a dit à ce sujet un auteur françois : *j'aime à regarder, je n'aime pas qu'on me montre.*

LORD HAMILTON.

Vous avez raison. (*il rit beaucoup*) Ne vous fâchez pas, mon cher sir James. Doutez-vous que mon épouse et moi nous ne fassions tous nos efforts pour la maintenir dans la bonne voie ?

SIR JAMES.

Voilà cependant le fruit de vos voyages ! je vous prie de m'excuser, mais la réputation de ma nièce s'en ressent et beaucoup. Mylord, la prudence est une belle vertu !

ACTE I, SCENE IX.

LORD HAMILTON.

Depuis que nous suivons les modes de France, nous en sommes débarrassés.

SIR JAMES.

Quel langage, Mylord! un époux du bon ton doit en effet penser comme vous; mais rappelez-vous que votre femme, ma très digne nièce, est jeune, belle, riche; et qu'elle mérite plus d'égards.

LORD HAMILTON.

Si vous croyez qu'elle soit mal auprès de moi, je vous permets de l'emmener avec vous dans votre château.

SIR JAMES.

Quelle horreur! dans quel dessein l'avez-vous donc épousée?

LORD HAMILTON.

Par convenance; voilà le but de tous les mariages d'aujourd'hui. Ceux qui se lient sur d'autres principes, sont aussi ridicules que ces gens qui, par une demande dans les petites affiches, se flattent de trouver un aimable compagnon de voyage.

SIR JAMES.

Je ne dis plus rien, Mylord; ma nièce retournera à la campagne avec moi, ou n'aura pas un sou de la succession de sir James Trotley, baronnet: (*il se promène en chantant*) je vous prie de m'excuser.

CLARA, *à part*.

Je me meurs de frayeur. (*Mylord s'assied et chante.*)

SIR JAMES.

Dites-moi, je vous prie, Mylord, quelle sorte d'homme destinez-vous à ma nièce Clara pour époux?

LORD HAMILTON.

C'est un homme d'esprit et de mérite, l'un de vos meilleurs amis.

SIR JAMES.

Avec toutes ces qualités, il peut être un fort mauvais mari.

LORD HAMILTON.

Excellent ! car le colonel Belfort a six mille guinées de revenu.

SIR JAMES.

Quelle morale ! quel monde !

LORD HAMILTON.

Six mille guinées !

SIR JAMES.

Ma nièce est une folle ; qu'elle épouse un homme qui lui ressemble ; pour ne pas la gêner dans son choix, je pars demain et vous laisse le champ libre; rien ne m'engage à rester dans une ville où je ne puis pas vivre à ma fantaisie. Vos divertissements me sont insipides ; je hais les dés et les cartes, et je garderai ma fortune. Je vous prie de m'excuser, Mylord. (*il sort.*)

LORD HAMILTON *rit.*

Venez, belle captive ! (*il rit encore.*)

CLARA.

C'en est fait ; je n'aurai pas un arpent de terre de sir James Trotley, baronnet. Mais peu m'importe ; et je vais me conduire avec lui comme s'il n'avoit pas dix guinées de revenu.

LORD HAMILTON *se jette à ses pieds.*

J'adore cet excès de magnanimité.

SIR JAMES *revient.*

J'avois oublié de vous dire... (*il recule d'étonnement*) Oh ! oh !

ACTE I, SCÈNE IX.

CLARA.

O ciel !

SIR JAMES.

Que vois-je ? Clara et Mylord ! vous répétez sans doute, tous deux, un discours pour le parlement ? je vous en félicite. Mon dessein n'étant pas d'interrompre vos études, je vous prie de m'excuser, Mylord.

CLARA.

Faites-moi la grace de m'écouter, mon oncle. Mylord... s'intéressant vivement.... au bonheur de son ami.... me pressoit.... de lui donner la main.... la joie.... il m'en remercioit....

SIR JAMES.

Je vous entends ; mais, dites-moi, ma nièce, par où diable êtes-vous entrée ? par la cheminée apparemment ?

CLARA.

Mais..., je n'ai pas le temps de vous répondre en ce moment.... je n'ai que celui d'aller m'habiller pour le bal. (*elle sort.*)

SIR JAMES.

Elle promet beaucoup.

LORD HAMILTON.

Elle a de l'esprit.

SIR JAMES.

Je m'en apperçois. Je suis bien aise de vous dire ; en vous priant toutefois de m'excuser, Mylord, que votre conduite est infâme.

LORD HAMILTON.

Infâme ! Mais vous vous emportez, Monsieur ; je vous répondrai quand vous serez plus calme. Je suis fâché de vous quitter ; on m'attend pour le bal de lady Barington ;

faites-nous l'amitié d'y paroître. Jasmin, vîte, mon domino et une chaise à porteurs. Jasmin, ayez soin du cher oncle. Mon cher sir James, je vous prie de m'excuser. *(il sort.)*

SCÈNE X.

SIR JAMES *seul.*

QUEL ton ! quelles mœurs ! voilà donc un des appuis de l'état ! avec de tels soutiens, on ne devra pas s'étonner si l'édifice s'écroule. Pauvre nièce ! quel époux, quel ami le ciel t'a donné là ! l'avertirai-je de ce que j'ai vu ? j'envenimerois peut-être la plaie ! peut-être en mourroit-elle de douleur ! son cœur aussi vertueux que sensible.... Allons la consoler ; arrachons-la de ce gouffre d'abominations ; conduisons-la dans ma terre : la pêche, la chasse, la lecture, la musique et mille amusements innocents la distrairont dans ce séjour paisible. Elle sera mon héritière, et, pour récompense de ses vertus, elle jouira, après moi, de la fortune que je destinois à Clara. Je vous prie de m'excuser, ma nièce, mais cela sera ainsi, et vous n'aurez rien de mon héritage.

SCÈNE XI.

L'appartement de Lady Hamilton.

LADY HAMILTON, LE COLONEL.

(Ils jouent aux échecs.)

LADY HAMILTON.

EN vérité, Colonel, je ne puis accepter votre proposition ; si Clara vient à savoir que vous m'accompagnez au sortir du bal, et qu'elle ne soit pas avec nous, vous risquez de rompre votre mariage.

ACTE I, SCÈNE XI.

LE COLONEL.

Ce mariage ne m'intéresse qu'autant qu'il me rapproche de vous.

LADY HAMILTON.

Je sais que vous n'êtes pas bien vivement épris.

LE COLONEL.

Pas assez pour en perdre le repos. Accordez-moi, après le bal, un quart d'heure d'entretien, je vous en dirai davantage.

LADY HAMILTON.

Mais je ne puis guère.

LE COLONEL.

Vous plairiez-vous à me désespérer?

LADY HAMILTON.

Ce n'est pas mon dessein.

LE COLONEL.

Pourquoi donc me refuser cette légère satisfaction? ne seriez-vous pas mon amie?

LADY HAMILTON.

Si cela étoit, je ne vous craindrois pas.

LE COLONEL.

Femme charmante! *(il tombe à ses pieds.)*

SCÈNE XII.

Les précédents, SIR JAMES.

SIR JAMES.

Puis-je me flatter, ma nièce....

LADY HAMILTON.

Oh!

SIR JAMES.

Miséricorde ! que veut dire ceci ?

LE COLONEL.

On n'entre jamais sans se faire annoncer.

SIR JAMES.

Allons ! encore un discours pour le parlement ! je n'en reviens pas ! tous du même caractère ! tous zélés pour le bien public !

LADY HAMILTON, *bas au Colonel.*

Tâchons de le calmer.

LE COLONEL.

J'attends vos ordres, Madame.

SIR JAMES.

L'esprit malin a perverti toute ma famille. Je pars bien vîte de peur qu'il ne me gagne. (*il fait quelques pas.*)

LADY HAMILTON.

Arrêtez; de grace, ne me jugez pas sur les apparences.

SIR JAMES.

Des apparences ! je suis plus que convaincu.

LADY HAMILTON.

Ces soupçons injurieux ont droit de m'offenser, Monsieur; le respect étouffe ma colère. (*elle rit à part*) Mais il ne peut arrêter les larmes de l'innocence. (*elle sort en feignant de pleurer.*)

LE COLONEL.

Je vous respecte comme son parent, mais je vous méprise comme un vil calomniateur. L'honneur exige que vous me donniez une satisfaction publique de ce propos. Vous me comprenez, j'espère ? choisissez le jour, l'heure, la place et les armes. Réfléchissez, Monsieur, et souvenez-vous, surtout, que c'est un militaire qui vous parle. (*il sort.*)

SIR JAMES *seul.*

A merveille ! ils sont coupables, et quand on les démasque, nul repentir, nulle humilité ! leurs cœurs sont endurcis dans le vice. Les femmes ont recours au mensonge ; les hommes aux menaces : pour éviter la fausseté des unes et la brutalité des autres, je vais tout ordonner pour hâter mon départ. Et voilà les mœurs de Londres !

FIN DU PREMIER ACTE.

ACTE II.

SCÈNE PREMIÈRE.

SIR JAMES, JASMIN.

SIR JAMES.

Jasmin, excusez-moi auprès de vos maîtres et de mes nièces. Dites-leur que je les quitte sans cérémonie; que des affaires et plusieurs autres raisons m'y obligent. Ajoutez aussi que je les respecte infiniment, et... et que j'espère ne jamais les revoir.

JASMIN.

Vous serez obéi. (*à part en sortant*) Ces gentils-hommes campagnards sont de sots animaux.

SIR JAMES.

Si je restois un jour de plus, je gagnerois la fièvre; je voudrois qu'il fût jour. Voilà ce qu'on gagne à rendre visite à ses parens. (*il va pour sortir, il heurte Georges qui vient d'entrer.*)

SCÈNE II.

SIR JAMES, GEORGES *ivre*.

SIR JAMES.

Peste soit du butor! te voilà, malheureux! qu'as-tu fait? d'où viens-tu?

ACTE II, SCENE II.

GEORGES.

D'où je viens ? du cabaret. J'ai fait bonne chère ; vive Londres !

SIR JAMES.

Ne t'avois-je pas ordonné de revenir aussitôt après le spectacle ? et ne t'ai-je pas défendu de t'amuser avec des libertins ?

GEORGES.

Les domestiques de Londres ne font que ce qui leur plaît.

SIR JAMES.

Tu n'es qu'un vaurien ! eh quoi ! tes cheveux....

GEORGES.

En Titus ! c'est le genre. Les gens de Mylord me l'ont dit.

SIR JAMES.

Va préparer ma malle, coquin, et suis-moi sur le champ.

GEORGES.

Je le veux bien, car j'ai besoin de repos.

SIR JAMES.

Je crois que le maraud est ivre.

GEORGES.

Ce n'est qu'une petite pointe, Monsieur.

SIR JAMES.

Ivrogne !

GEORGES.

Si je suis un ivrogne, il est tout naturel que je me sois enivré. Si vous m'imitiez, vous ne seriez pas toujours en colère. Sans un petit doigt de vin....

SIR JAMES.

Ceci met le comble à mon malheur. Le coquin va rapporter dans mon château plus de vices qu'il n'en faut pour corrompre toute une province.

GEORGES.

J'en ferai une bonne provision, comptez là-dessus.

SIR JAMES.

Que je suis malheureux! Écoute, Georges, va te coucher. Demain tu feras mes paquets; obéis ou je t'envoie en prison. (*il sort.*)

GEORGES *seul, faisant claquer son fouet.*

Tiens, voilà pour ta morale. Je connois trop bien les loix de mon pays, pour redouter les menaces; je veux passer ma vie à Londres. C'est ici qu'est le véritable bonheur. Un domestique y nage dans l'abondance; aussi heureux que son maître, il joue du matin au soir, jure comme un lord, boit comme un poisson, et fait sa cour aux belles avec autant d'audace qu'un membre du parlement. Les jolis passe-temps! Allons me coucher. (*il sort en chantant.*)

SCÈNE III.

LORD HAMILTON, CLARA *masquée*, JASMIN *les éclaire*.

LORD HAMILTON.

Mets ces bougies sur la table, et avertis-moi quand Mylady rentrera; sois exact.

JASMIN.

Mylord, je crois, n'a jamais eu à se plaindre de mon service. (*il sort.*)

CLARA *ôtant son masque.*

Je suis réellement effrayée! j'aurois mieux fait de rester

ACTE II, SCÈNE III.

au bal. J'ai vu de la lumière dans la chambre de mon oncle; l'aventure de ce matin lui donnera des insomnies; croyez-moi, différons nos entretiens jusqu'après son départ. Malgré la pureté de mes intentions, il ne me pardonneroit jamais cette démarche. Adieu.

LORD HAMILTON.

Mais écoutez, un instant.

CLARA.

Non, non, ce mystère pourroit nuire à....

LORD HAMILTON.

A l'amitié ?

CLARA.

A ma réputation.

SCÈNE IV.

Les précédents, JASMIN.

JASMIN.

Mylord ! Mylord !

LORD HAMILTON.

Que me veux-tu ?

JASMIN.

Voilà Mylady.

CLARA.

Grand Dieu ! je rentre dans mon appartement, je serois inconsolable qu'elle me rencontrât ici.

LORD HAMILTON.

Il est trop tard, je l'entends sur l'escalier.

JASMIN.

Miss peut entrer dans ce cabinet.

CLARA à *Jasmin.*

Quand elle sera chez elle, tu me préviendras. (*elle entre dans le cabinet.*)

LORD HAMILTON.

Suis-moi dans ma chambre et marche sans faire aucun bruit. (*ils sortent sur la pointe des pieds.*)

SCÈNE V.

LADY HAMILTON, LE COLONEL, *masqués*, FANNY *les éclaire.*

FANNY à *Mylady.*

N'AVANCEZ pas plus loin avec M. de Belfort. Mylord est rentré.

LE COLONEL.

Tu te trompes, ma chère Fanny ; je l'ai vu et je lui ai parlé au bal.

FANNY.

Je gagerois, moi, qu'il est ici.

LADY HAMILTON.

Il est trop bien occupé pour songer à revenir chez lui. Ne t'effraye pas, ma chère Fanny, il n'y a nul mystère. Tu sais que Monsieur épouse ma cousine. Je me suis chargée d'arranger quelques articles..... relatifs à ce mariage.

FANNY.

Rien de plus louable, Madame, que de s'occuper du bonheur de ses parents ! mais, croyez-moi, si Mylord vient, il y aura du sang répandu.

LE COLONEL.

Elle est folle ! A propos, elle me fait souvenir que je n'ai point d'épée.

ACTE II, SCENE V.

FANNY.
Mais, Mylord a la sienne. Chut! je l'entends.

LE COLONEL.
Me voici entre deux feux.

LADY HAMILTON.
Il n'y a qu'un moyen de vous en tirer. Cachez-vous dans ce cabinet.

LE COLONEL *accourt vers le cabinet*.
Il est fermé.

LADY HAMILTON.
Il faut pourtant prendre un parti. Cachez-vous derrière cet écran.

LE COLONEL.
Je ne puis éviter l'ennemi..... Allons. (*il se cache*.)

LADY HAMILTON.
Pour toi, Fanny, sors par l'escalier dérobé, et laisse-moi recevoir Mylord; il apprendra que je sais le surpasser en dissimulation. (*elle s'assied*.)

SCÈNE VI.

LORD et LADY HAMILTON.

LORD HAMILTON.
Déja de retour du bal? cela m'étonne, Madame!

LADY HAMILTON.
D'après le tête-à-tête qui vous retenoit au bal, je dois m'étonner plus que vous de votre retour; la dame au domino.....

LORD HAMILTON *en souriant*.
Je suis bien aise de vous convaincre, Mylady, que

cette dame, dont j'ignore le nom, n'a pu m'arrêter dès que j'ai été certain que vous vous étiez retirée.

LADY HAMILTON.

Ce sourire malin annonce peut-être la supériorité de votre esprit; mais il ne fait pas l'éloge de votre cœur; il est plus insultant que votre infidélité. (*elle fait semblant de pleurer.*)

LORD HAMILTON.

Si vous avez dessein de jouer la tragédie, je vous seconderai. (*il tire son mouchoir.*)

LADY HAMILTON.

Ne vaut-il pas mieux, Mylord, que chacun de nous se retire dans son appartement? où est ma cousine Clara?

LORD HAMILTON.

Je l'ai confiée aux soins du colonel Belfort. (*à part*) Pour m'en débarrasser, proposons-lui de rester avec elle. (*haut*) Je ne me porte pas bien, et je crois avoir un petit ressentiment de fièvre; je voudrois avoir du feu.

LADY HAMILTON.

Dans quelle chambre, Mylord?

LORD HAMILTON.

Ici; nous y serons en tête-à-tête pour le plaisir de la nouveauté. (*il sonne*) Jasmin, débarrassez la cheminée et allumez du feu.

LADY HAMILTON.

Non, non. (*à part*) Je suis perdue. (*haut*) Je vais me coucher; Mylord n'a pas, sans doute, le dessein de rester seul ici? (*Jasmin sort.*)

LORD HAMILTON.

Quelle cruauté! vous voulez donc me priver du

plaisir de causer avec vous ? (*à part*) Je l'ai échappé belle !

LADY HAMILTON.

Je suis trop de vos amis pour vous exposer à tant d'ennui. Adieu, Mylord, je vais passer dans mon appartement.

LORD HAMILTON.

Puisque vous l'exigez, il faut se soumettre à vos volontés; et, semblable à l'avare, vous me forcez de périr auprès de mon trésor. (*il prend un flambeau; Mylady prend l'autre, elle le salue*) Je souhaite à Madame une bonne nuit; me permettra-t-elle.....

LADY HAMILTON.

Vous êtes trop obligeant! (*à part*) Qu'il est maussade !

LORD HAMILTON, *à part*.

Elle me devient tous les jours plus insupportable ! (*ils s'embrassent et se retirent cérémonieusement chacun d'un côté opposé.*)

SCÈNE VII.

Il fait nuit.

CLARA, LE COLONEL.

CLARA *sort la tête hors du cabinet*.

Tout est tranquille; je voudrois bien que Mylord me délivrât de ma prison. Qu'ont-ils fait ici ? j'entends du bruit. (*elle se retire et ferme la porte.*)

LE COLONEL.

Plus personne; si Clara vient à savoir cette aventure, adieu sa main et sa fortune; et la plaisanterie ne vaut pas un pareil sacrifice.

CLARA, *la tête hors du cabinet*

Que diroit le colonel, s'il voyoit sa future dans un tel embarras?

SCÈNE VIII.

Les précédents, LORD et LADY HAMILTON *entrant tous deux sans lumière, chacun par une porte opposée.*

LORD HAMILTON.

Délivrons ma prisonnière.

LADY HAMILTON.

Rendons la liberté au Colonel; il doit souffrir là autant que dans une ville assiégée. (*elle avance vers la cheminée.*)

LORD HAMILTON.

Où êtes-vous?

CLARA et LE COLONEL.

Ici, ici.

LADY HAMILTON.

Parlez plus bas. (*ils cherchent. Mylord prend la main de sa femme, le Colonel celle de Clara.*)

SCÈNE IX.

Les précédents, SIR JAMES, JASMIN.

SIR JAMES *dans la coulisse.*

Vîte des lumières! il y a ici des voleurs.

JASMIN *dans la coulisse.*

Vous rêvez, Monsieur.

ACTE II, SCÈNE IX.

SIR JAMES *en robe de chambre, en bonnet de nuit, un sabre à la main. (Jasmin arrive en même temps avec deux lumières.)*

C'est très édifiant !

LORD HAMILTON.

Que vois-je ? et par quel hasard nous trouvons-nous ici ?

SIR JAMES.

L'obscurité produit de grands quiproquo, à ce qu'il me paroît ; je suis bien aise que les lumières rectifient toutes choses. Je vous prie de m'excuser, Messieurs et Mesdames.

SCÈNE X et dernière.

Les précédents, FANNY, *une bougie à la main.*

FANNY.

MISÉRICORDE ! qu'est-il arrivé ?

SIR JAMES.

Rien de nouveau, Fanny, si ce n'est que je suis plus fin que mes nièces.

LE COLONEL.

Nous nous expliquerons plus tard, Monsieur, je vous salue. Mesdames, je suis votre très humble serviteur. J'espère, Mylord, que vous ne m'en voudrez pas.

LORD HAMILTON.

Au contraire, je veux être de toutes vos parties de plaisir, et je vous suis.

SIR JAMES.

Vous aurez demain d'autres affaires, Mylord.

LORD HAMILTON.

Lesquelles ?

SIR JAMES.

Vous serez forcé de voir vos avocats et vos créanciers, et vous entendrez dire alors ce que vous n'avez jamais voulu écouter « que la dissipation et la dépravation des « mœurs sont toujours suivies d'un long repentir. »

LORD HAMILTON.

Le seul tort de notre législation, c'est qu'il faut toujours finir par payer ses dettes.

SIR JAMES.

Eh bien, Mesdames ! vous gardez le silence ! si c'est le repentir qui vous rend muettes, il vous reste quelque espoir de réforme.

LADY HAMILTON.

A l'avenir, sir James, vos vertus me serviront de guide.

SIR JAMES.

Je vous prie de m'excuser, Mylord ; permettez-moi que j'emmène Mylady pendant quelque temps ?

LORD HAMILTON.

Congé illimité.

LADY HAMILTON, *à part.*

Qu'il est aimable !

SIR JAMES.

Et vous, Clara, vous sentez-vous disposée à nous suivre ?

CLARA.

Je suis bien coupable, mon cher oncle !

SIR JAMES, *donnant le bras aux Dames.*

A l'exemple d'un Chevalier errant, j'enlève à ces monstres qu'on nomme la mode et le bon ton, deux aimables victimes, et je ne doute pas que tout bon Anglois ne me félicite d'avoir mis à fin une entreprise aussi périlleuse. Partons pour ma terre; partons vîte. (*au public*) Messieurs, je vous prie de m'excuser.

FIN.

Liste des Pièces jouées au Théâtre des Variétés-Etrangères, jusqu'au 20 juin 1807; et qui se vendent chez Ant.-Aug. Renouard, *libraire, rue Saint-André-des-Arcs, n° 55.*

En 5 actes.
* Les deux Klingsberg, ou Avis aux Vieillards, *Kotzebue.*

En 4 actes.
* Les Libellistes, drame, *De Beaunoir.*
L'Illuminé, ou le Nouveau Cagliostro, *Söden.*
* L'Epigramme, ou les Dangers de la Satire, *Kotzebue.*
* Célestine, ou Amour et Innocence, *Söden.*
L'Hôtellier de Milan.

En 3 actes.
* L'Officier Suédois, *Kotzebue.*
* Le Mari d'autrefois, *Kotzebue.*
* Aurore, ou la Fille de l'Enfer, *Söden.*
Les Parents, *Kotzebue.*

En 2 actes.
A quoi cela tient, *Garrick.*
* La Fille de quinze ans, *Garrick.*
* Le Schall.
* Les Chaises à Porteurs, *Junger.*
Les Folles raisonnables, *Farquhar.*
Les Mœurs de Londres, ou le Bon ton anglois, *Garrick.*

En un acte.
* Le Mari hermite, *Kotzebue.*
* La Contribution de guerre, *Kotzebue.*
* La Famille des Badauds.
Le petit Cousin.
C'étoit Moi.

Ces Comédies font partie d'une Collection des meilleures pièces des théâtres allemand, anglois, etc. arrangées pour la scène françoise, et qui auront été représentées avec succès sur le nouveau théâtre des Variétés-Etrangères, établi à Paris, rue Saint-Martin.

Il en paroît environ trois par mois; toutes sont imprimées avec le même soin, et la réunion de ces pièces formera une Collection très curieuse de ce que les théâtres des autres nations de l'Europe offrent de plus nouveau et de plus piquant. Sans doute nous n'aurons à présenter à nos lecteurs rien qui puisse être comparé à Molière, à Regnard; mais la nouveauté a bien aussi quelque mérite, et la comparaison devra s'établir, non pas avec les chefs-d'œuvre de ces hommes immortels, mais avec les pièces nouvelles que les auteurs modernes font paroître avec plus ou moins de succès sur les divers théâtres de la capitale. On reconnoîtra que, si, dans les pièces de notre Recueil, l'exécution *sent parfois son étranger*, l'invention en est presque toujours très ingénieuse, et les détails fort amusants.

Les personnes qui désireront se procurer ces pièces au moment même de leur publication, pourront souscrire pour cinquante feuilles d'impression, chacune leur sera expédiée, franche de port par la poste, le jour même de la publication.

Le prix de cet abonnement est de 15 fr. pour Paris et les départements, et 18 fr. pour l'étranger. Le premier a compris les treize pièces marquées d'une *, et trois sont déja publiées sur le second.

www.ingramcontent.com/pod-product-compliance
Lightning Source LLC
Chambersburg PA
CBHW060720050426
42451CB00010B/1539